CON GRIN SUS CONOCIMIENTOS VALEN MAS

- Publicamos su trabajo académico, tesis y tesina

- Su propio eBook y libro - en todos los comercios importantes del mundo

- Cada venta le sale rentable

Ahora suba en www.GRIN.com
y publique gratis

Inteligencia Artificial. Transformaciones, Desafíos y Oportunidades en la Era Digital

Damir-Nester Saedeq

Bibliographic information published by the German National Library:

The German National Library lists this publication in the National Bibliography; detailed bibliographic data are available on the Internet at http://dnb.dnb.de.

ISBN: 9783389094839
This book is also available as an ebook.

© GRIN Publishing GmbH
Trappentreustraße 1
80339 München

Print and binding: Books on Demand GmbH, Norderstedt, Germany
Printed on acid-free paper from responsible sources.

The present work has been carefully prepared. Nevertheless, authors and publishers do not incur liability for the correctness of information, notes, links and advice as well as any printing errors.

GRIN web shop: https://www.grin.com/document/1522979

Título: Inteligencia Artificial: Transformaciones, Desafíos y Oportunidades en la Era Digital

Title: Artificial Intelligence: Transformations, Challenges, and Opportunities in the Digital Age

Autor: Damir-Nester Yexiam Saedeq

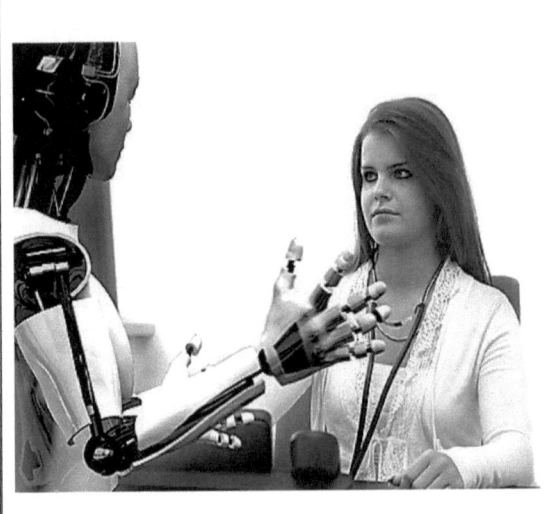

RESUMEN:

El presente ensayo académico ofrece un análisis exhaustivo sobre la evolución y el impacto de la inteligencia artificial (IA) en la sociedad contemporánea, comenzando desde sus orígenes en la Segunda Guerra Mundial, sus inviernos y algunos de sus grandes logros, así como su integración en diversas áreas de la vida cotidiana. A través de la historia ficticia de "El Rincón de la Esperanza", una vieja cafetería que se transforma en un centro de consultoría asistida por IA, se ilustra cómo un grupo de jóvenes emprendedores aplica sus conocimientos para resolver problemas legales, emocionales y de salud, utilizando herramientas tecnológicas innovadoras. El texto revisa hitos significativos en el desarrollo de la IA, como las victorias de Deep Blue y Watson, y discute sus periodos críticos, ya que reflejan las desilusiones y limitaciones enfrentadas a lo largo del tiempo en este campo. Se abordan los beneficios potenciales de la IA, incluyendo su capacidad para mejorar la calidad de vida y facilitar el acceso a la información, así como los riesgos éticos y sociales que plantea, como la privacidad y el control social. A medida que se exploran estos temas, el ensayo subraya la importancia de un enfoque equilibrado que combine innovación tecnológica con responsabilidad ética, sugiriendo que el futuro de la inteligencia artificial dependerá no solo de sus desarrollos técnicos, sino también de cómo la sociedad decida integrar estas tecnologías a su vida diaria. La narrativa constituye además una reflexión sobre el papel crucial que desempeñará la IA en el futuro, destacando tanto su potencial transformador como los desafíos que deberán ser abordados para evitar una realidad distópica.

Palabras clave: Inteligencia Artificial, historia de la IA, transformación tecnológica, consultoría asistida, ética en IA, oportunidades de la IA, Deep Blue, Watson, AlphaGo, procesamiento del lenguaje natural, aprendizaje automático.

ABSTRACT:

This academic essay offers a comprehensive analysis of the evolution and impact of artificial intelligence (AI) in contemporary society, starting from its origins in World War II, its winters and some of its great achievements, as well as its integration into various areas of daily life. Through the fictional story of "El Rincón de la Esperanza" (the corner of hope, in English) an old coffee shop that is transformed into an AI-assisted consulting center, it illustrates how a group of young entrepreneurs apply their knowledge to solve legal, emotional and health problems, using innovative technological tools. The text reviews significant milestones in the development of AI, such as the victories of Deep Blue and Watson, and discusses its critical periods, as they reflect the disappointments and limitations faced over time in this field. The potential benefits of AI are addressed, including its ability to improve the quality of life and facilitate access to information, as well as the ethical and social risks it poses, such as privacy and social control. As these themes are explored, the essay underlines the importance of a balanced approach that combines technological innovation with ethical responsibility, suggesting that the future of artificial intelligence will depend not only on its technical developments, but also on how society chooses to integrate these technologies into its daily lives. The narrative also constitutes a reflection on the crucial role that AI will play in the future, highlighting both its transformative potential and the challenges that will need to be addressed to avoid a dystopian reality.

Keywords: Artificial Intelligence, history of AI, technological transformation, assisted consulting, ethics in AI, opportunities in AI, Deep Blue, Watson, AlphaGo, natural language processing, machine learning.

Tabla de contenido

INTRODUCCIÓN:

Historia ficticia que ilustra los múltiples usos de la Inteligencia Artificial
(Historia creada en base a las vivencias y experiencias profesionales y docentes del presente autor, de su completa autoría)

En un polvoriento pueblecito, a la sombra de una supercarretera cuya circulación nunca parecía detenerse, se encontraba una vieja y destartalada cafetería llamada "El Rincón de la Esperanza". Sus paredes desgastadas y su mobiliario anticuado contaban historias de tiempos pasados, cuando el aroma del café fresco atraía a viajeros y lugareños por igual. Sin embargo, el bullicio de la vida moderna había dejado este lugar en el olvido. Sucedió que por azares de esta vida, donde pocas cosas ocurren por puro azar, un día, un grupo de jóvenes recién graduados de una maestría en inteligencia artificial decidió que era hora de revivir el espíritu del café. Con una visión audaz y un deseo ferviente de transformar el lugar en una innovadora oficina de consultoría no convencional, estos jóvenes se propusieron convertir "El Rincón de la Esperanza" en un centro donde la inteligencia artificial no solo sería una herramienta, sino también un aliado en la resolución de problemas cotidianos.

Imagen No. 1: Viejos y emblemáticos establecimientos reciben un segundo aire al fusionarse en ellos la tecnología con el servicio comunitario.

Imagen bajo licencia Creative Commons 0 (CC0). Obtenida en http://Pixabay.com

El grupo estaba compuesto por cinco amigos: Ana, experta en procesamiento del lenguaje natural; Luis, apasionado por la ética de la IA; Marta, que había desarrollado su propia IA para asesorías legales; Javier, un genio del análisis de datos; y Sofía, quien había creado un chatbot capaz de ofrecer consejos amorosos. Cada uno traía consigo habilidades únicas que permitirían abordar una amplia gama de necesidades: desde consultas legales hasta asesoramiento emocional y salud personal. Su objetivo era claro: utilizar la inteligencia artificial para ofrecer soluciones personalizadas a sus clientes, independientemente de sus circunstancias.

Al llegar a la cafetería, se encontraron con un espacio lleno de posibilidades. La cocina aún conservaba el aroma a comida deliciosa, rápida y poco saludable, y las mesas estaban dispuestas como si esperaran a los clientes ansiosos por recibir no solo una taza de café caliente, sino también respuestas a sus inquietudes más profundas. La idea era simple pero poderosa: cada cliente que entrara en "El Rincón de la Esperanza" podría plantear sus problemas y recibir asesoramiento basado en inteligencia artificial. Ya fuera mediante un análisis legal automatizado, consejos sobre relaciones amorosas o recomendaciones para mejorar su salud mental, los jóvenes estaban listos para demostrar que la tecnología podía ser accesible y útil para todos.

Sin embargo, no todo sería fácil. A medida que comenzaban a establecer su negocio, se enfrentaron a desafíos inesperados. La resistencia de algunos lugareños que desconfiaban de la tecnología y sus implicaciones éticas se hizo evidente. Además, debían lidiar con la presión financiera y las expectativas que tenían sobre ellos mismos. Cada uno debía aprender a equilibrar su idealismo con las realidades del mundo empresarial.

Con el tiempo, "El Rincón de la Esperanza" comenzó a atraer clientes curiosos. Una madre desesperada por entender los problemas legales relacionados con la custodia de sus hijos llegó buscando respuestas; una pareja joven que enfrentaba dificultades en su relación necesitaba orientación; e incluso un anciano que quería saber cómo manejar su salud en esta nueva era digital buscaba ayuda. En cada caso, los jóvenes aplicaron sus conocimientos en inteligencia artificial para ofrecer soluciones personalizadas y efectivas.

A medida que el negocio prosperaba, los jóvenes no solo ayudaron a sus clientes a resolver problemas inmediatos, sino que también comenzaron a fomentar un sentido de comunidad. Organizaron talleres sobre el uso ético de la IA y cómo esta podía mejorar la

Imagen No. 2: Consultoría Asistida por IA. Combinación de asesoría tradicional con el uso de tecnologías avanzadas, para ofrecer soluciones personalizadas a una variedad de problemas.

Imagen bajo licencia Creative Commons 0 (CC0). Obtenida en http://Pixabay.com

calidad de vida sin reemplazar el toque humano. Así, "El Rincón de la Esperanza" se transformó no solo en un lugar para resolver problemas, sino también en un espacio donde las personas podían aprender sobre las posibilidades y limitaciones de la inteligencia artificial.

La historia de "El Rincón de la Esperanza" continuó desarrollándose de manera inesperada. Con el tiempo, la cafetería se convirtió en un bullicioso centro de actividad, donde los jóvenes no solo ofrecían asesorías, sino que también comenzaron a atraer la atención de medios locales y entusiastas de la tecnología. La combinación de un ambiente acogedor y el uso innovador de la inteligencia artificial generó un aura de curiosidad y expectativa en el pueblecito.

Un día, mientras Ana revisaba las estadísticas de uso de su chatbot, se dio cuenta de que había un patrón inusual: muchos clientes estaban utilizando sus servicios para abordar problemas relacionados con la salud mental. Esto la llevó a proponer una nueva iniciativa: organizar sesiones grupales donde los participantes pudieran compartir sus experiencias y recibir orientación tanto de los jóvenes como de sus inteligencias artificiales. La idea fue bien recibida, y pronto se establecieron grupos semanales que no solo ayudaban a quienes lidiaban con ansiedad o depresión, sino que también fomentaban un sentido de comunidad.

Sin embargo, no todo era sencillo. A medida que la popularidad del café crecía, también lo hacía la presión sobre el grupo. Luis, siempre preocupado por las implicaciones éticas del uso de IA, comenzó a notar que algunos clientes dependían demasiado de las recomendaciones automatizadas, ignorando el consejo humano que también ofrecían. Esto generó tensiones dentro del equipo, ya que cada uno tenía su propia visión sobre cómo debían utilizarse sus herramientas.

Una tarde lluviosa, mientras discutían sobre el futuro del café y su misión, un anciano entró en "El Rincón de la Esperanza". Su nombre era Don Ramón, un antiguo profesor de filosofía que había vivido en el pueblo toda su vida. Se sentó en una esquina con una taza humeante y comenzó a observar cómo los jóvenes interactuaban con sus clientes. Después de un rato, se acercó al grupo y les compartió su preocupación: "La inteligencia artificial es poderosa, pero no debe reemplazar la sabiduría humana. La verdadera inteligencia no es solo saber qué hacer, sino entender por qué se hace".

Estas palabras resonaron profundamente en el grupo. Decidieron organizar un evento especial titulado "La Sabiduría Humana vs. la Inteligencia Artificial", donde invitarían a expertos en ética tecnológica y filosofía para discutir los límites y responsabilidades del uso de IA en la vida cotidiana. La respuesta fue abrumadora; el evento atrajo a personas no solo del pueblo, sino también de ciudades cercanas.

Durante aquel encuentro, los participantes debatieron sobre temas cruciales como la privacidad, el sesgo algorítmico y el impacto emocional del uso excesivo de tecnología. Fue un momento revelador para los jóvenes; comprendieron que su misión debía incluir no solo resolver problemas inmediatos, sino también educar a su comunidad sobre cómo interactuar con estas herramientas.

Con el paso del tiempo, "El Rincón de la Esperanza" se transformó en un modelo a seguir para otros pueblos. Los jóvenes comenzaron a recibir solicitudes para replicar su enfoque en otros lugares. Esto les llevó a considerar una expansión: abrir sucursales en diferentes comunidades donde pudieran ofrecer sus servicios y promover una conversación más amplia sobre el uso ético y responsable de la inteligencia artificial.

Sin embargo, este crecimiento trajo consigo nuevos desafíos. A medida que se expandían, debían asegurarse de mantener su esencia original: un lugar donde las personas pudieran encontrar respuestas y apoyo humano junto con soluciones tecnológicas. Así nació la idea de crear un programa de capacitación para futuros consultores que quisieran unirse a ellos; querían asegurarse de que cada nuevo miembro compartiera su visión sobre el equilibrio entre inteligencia artificial y humanidad.

A medida que avanzaban hacia este nuevo capítulo, los jóvenes reflexionaron sobre su viaje desde aquellos días iniciales en la cafetería hasta convertirse en pioneros en un campo emergente. Se dieron cuenta de que su verdadero éxito no radicaba solo en las ganancias económicas o en la popularidad del café, sino en haber creado un espacio donde las personas podían sentirse escuchadas y apoyadas mientras navegaban por los desafíos complejos del mundo moderno.

Así continuó "El Rincón de la Esperanza", no solo como una cafetería o una oficina de consultoría, sino como un faro de esperanza en una era digital donde lo humano y lo artificial podían coexistir armónicamente.

La historia de estos jóvenes no solo es un relato sobre tecnología y aspiraciones; es también una reflexión sobre cómo las herramientas modernas pueden ser utilizadas para construir puentes entre personas y resolver conflictos cotidianos. En su viaje hacia el éxito, descubrieron que el verdadero poder de la inteligencia artificial radica en su capacidad para complementar lo humano, ofreciendo esperanza y soluciones donde antes solo había incertidumbre. Así nació una nueva era para "El Rincón de la Esperanza", donde cada taza de café servida traía consigo una chispa de innovación y un rayo de esperanza para quienes cruzaban su puerta.

DESARROLLO:

Criterios del autor del presente ensayo académico, **sobre la base de su experiencia en el área de la informática y el estudio de los problemas sociales de la ciencia y la tecnología**: A paso agigantado, la Inteligencia Artificial (IA, por sus siglas en español) se está insertando en prácticamente todos los medios; los locutores de programas de radio anuncian, orgullosos, que están haciendo uso de alguna que otra IA para realizar una que otra función, en la prensa plana por su habilidad para redactar artículos sobre temas específicos como deportes, finanzas o clima, lo que permite a los periodistas concentrarse en investigaciones más profundas, incluso en programas de televisión, la ya conocida frase "inteligencia artificial" se le antoja al ciudadano de a pie, como si se tratara de algo casi mágico, con métodos que resultan confusos y de una resolutividad, corrección y exactitud que parecen de fuera de este mundo.

Este "nuevo" campo de la informática, está compuesto por un núcleo o conjunto de tecnologías capaz de hacer cosas que en la actualidad se califican de extraordinarias y, aunque ya en casi cualquier rama del saber humano se hace uso de la IA, pocos la entienden. Tal reacción de asombro es comprensible desde la perspectiva humana y puede atribuirse, en parte, al rendimiento que actualmente ofrecen los sistemas de inteligencia artificial presentes en Internet, a saber: traducción automática, trabajo con imágenes y contenidos, generación automática de imágenes o textos; todo lo cual muestra excelencia en sus resultados y amplía la capacidad resolutiva de los usuarios, incluidos los especialistas en informática o en otras muchas esferas del conocimiento.

La inteligencia artificial ha pasado a formar parte del presente de la humanidad y algunos autores aseguran que jugará un papel importante en el futuro. Su existencia generará un resultado profundo en disímiles aspectos de la vida, incluida la forma en que las personas adoptan decisiones, en el mercado laboral, incluso en el acceso a la información. En la actualidad, la IA ya incide en nuestra privacidad, toda vez que recopila datos sobre nuestra vida diaria. La sociedad del futuro es visualizada como de alta tecnología, aunque hoy en día se sostiene un alto grado de incertidumbre sobre el diapasón de posibles aplicaciones de los sistemas de inteligencia artificial: aumentar las capacidades humanas actuales en un sentido positivo, superar las barreras del idioma, lograr un acceso más amplio al conocimiento, a estar más informado y educado, a disfrutar de un nivel mayor de progreso, entre otros factores. [1] Pero lo cierto es que un mal uso a largo plazo de las IA pudiera conducir a una realidad distópica de la sociedad, si se diera tal caso; la humanidad pudiera quedar ante un escenario en el cual el ejercicio egoísta y desatinado del poder por parte de ciertos grupos de amplísimo poder económico, político y tecnológico, generaría un estado de esclavitud a nivel individual y de total control y subordinación social, muy alejado de las estándares de bienestar que las actuales sociedades humanas consideran satisfactorias.

No nació ayer el tema de la Inteligencia Artificial (IA). La informática se ha estudiado y enseñado en universidades de todo el mundo durante más de medio siglo, aunque las titulaciones especializadas en la materia se han vuelto omnipresentes en las últimas décadas. Esta tendencia ha permeado a las universidades de todas las latitudes, donde en los más recientes lustros han surgido titulaciones en inteligencia artificial específicamente. Estas nuevas modalidades formativas satisfacen las necesidades sociales y tecnológicas y demuestran que las universidades de todo el mundo están preparadas para afrontar los desafíos educativos que plantea el pujante progreso tecnológico humano. [2]

La IA dispone oficialmente 67 años de recorrido aproximadamente, en este período han tenido lugar disimiles hechos, algunos catalogables como: locuras, errores, alegrías, fracasos y éxitos. [3]

Los orígenes de la inteligencia artificial vienen de la mano de la más ingente necesidad, a la altura de la Segunda Guerra Mundial. Por ese entonces el ejército alemán hacía uso de máquinas denominadas "Enigma" para codificar o cifrar y decodificar o descifrar información sobre sus operaciones militares. Desde el punto de vita de los británicos, que se encontraban al borde mismo de una invasión alemana en 1940, descifrar el método de cifrado alemán se convirtió en una labor inaplazable. Precisamente con este objetivo, la inteligencia británica organizó un equipo de descifrado en Bletchley Park, aproximadamente a 80 kilómetros al norte de Londres, para así evitar los bombardeos; esta empresa reunió a criptólogos, matemáticos e incluso a algunos jugadores de ajedrez. [4]

Al parecer, el gobierno británico estuvo de acuerdo o adoptó la decisión de reclutar al matemático Alan Turing, un especialista que recientemente había retornado de su doctorado en los Estados Unidos. [5] Este profesional de los avanzados cálculos matemáticos, regentó la denimonada "Cabaña 8" (toda vez que el espacio disponible en la edificación original no era lo bastante como para acomodar a todos los participantes en su conjunto, se construyeron varias "Cabañas" o "cobertizos" a modo de facilidades temporales). [6] El método de cifrado objeto de estudio por parte del "grupo de Bletchley" se quebró haciendo uso de una computadora muy antigua de uso específico denominada "Bombe". [7] Hasta donde es sabido, el éxito de esta encomienda se debió en gran medida a Turing, aunque no parece haber exactitud con respecto a tales hechos, ya que durante mucho tiempo esta fue información militar clasificada. En la misma medida en que, más adelante, el ejército alemán complejizó el funcionamiento de la referida "Enigma", durante la misma guerra, se precisaron más medios e intervenciones para logar un descifrado eficaz. [8]

La suposición de que las computadoras podrían adquirir la propiedad de producir alguna forma de comportamiento inteligente, comenzó a cobrar forma en la mente de Turing en algún momento anterior a la lejana fecha de 1948, año en el cual escribió el primer programa informático para jugar al ajedrez (una tarea ardua en tiempos en los que la programación actual en ambiente visual era incluso menos que un sueño). Su plan se fundamentó en el estudio de todas las posibles acciones futuras, incluidas las hipotéticas respuestas del oponente, con el objetivo de elegir aquella que pareciera la más ventajosa. Como no tenía acceso a una computadora (las computadoras eran muy raras en ese momento y solo se usaban con fines militares), experimentó jugando con amigos y determinando sus movimientos basándose en las acciones del programa, que calculaba a mano usando un lápiz y un simple papel. [9] Aquel conocimiento o saber empírico se cimentó en su mente a través de simulaciones por computadora, y en 1950 publicó un artículo en la revista Mind, que se explica por sí mismo: "Computing machinery and intelligence", (título que puede traducirse al español en los siguientes términos: "Máquinas de Computación e Inteligencia"). En el referido artículo, su autor proponía el famoso "test de Turing" para determinar si una máquina se podía considerar inteligente. Al año siguiente, Turing era elegido miembro de la Royal Society. [10]

En 1956, tras la lamentable muerte de Turing, el antes referido matemático, un grupo de jóvenes profesores organizó una conferencia en el Dartmouth College de Estados Unidos para explorar la posibilidad de dotar a los ordenadores de "información de inteligencia". Con financiación de la Fundación Rockefeller, pasaron dos meses discutiendo ideas sobre cómo lograr inteligencia informática, acuñando así el término "inteligencia artificial". Esta medida se basa en investigaciones previas sobre aprendizaje automático presentadas en la Conferencia de Computación de Western Union en 1955. La verdadera complejidad del problema había conducido a que el progreso fuera más lento de lo esperado. En 2006, en el 50º aniversario de la conferencia, los participantes reconocieron que el objetivo de la inteligencia artificial era mucho más difícil de lo que se había supuesto en un primer momento de euforia. [11, 12]

Períodos de Invierno de la Inteligencia Artificial
El autor del presente ensayo académico es del criterio de que el campo de la IA, en su decursar evolutivo tecnológico, ha recorrido un camino fascinante desde sus inicios en la década de 1950, pasando por períodos de desilusión y estancamiento cuyo análisis reviste un peso insoslayable. Entre estos se encuentran los conocidos como "inviernos de la IA"; y son episodios críticos que han marcado la evolución del referido campo. Tales etapas se caracterizan por una disminución drástica en la inversión, el interés y los avances tecnológicos, a menudo provocados por expectativas no cumplidas y limitaciones inherentes a las tecnologías insuficientes de la época.

Entender el fenómeno del invierno de la IA es esencial para apreciar no solo los logros alcanzados hasta ahora, sino también los desafíos que enfrenta este campo en constante evolución. A medida que el ser humano se adentra en una nueva era tecnológica, le es crucial aprender de las lecciones del pasado para garantizar un futuro sostenible y prometedor para el propio campo de la IA que se continúa desarrollando.

El primer invierno de la IA, que tuvo lugar entre 1960 y 1970, fue el resultado de la frustración con los sistemas expertos y la incapacidad para resolver problemas complejos. Años más tarde, en la década de 1980, un segundo invierno se desencadenó por las limitaciones de las redes neuronales y la falta de progreso en el desarrollo de sistemas que pudieran generalizar su conocimiento. En el contexto actual, donde la IA generativa y los modelos de lenguaje están en auge, algunos expertos advierten sobre la posibilidad de un tercer invierno si las expectativas no se alinean con los resultados reales. [13]

El segundo invierno de la inteligencia artificial, se extendió desde 1987 hasta 1993; fue un período marcado por una notable disminución en el interés y la inversión en este campo, tras un resurgimiento inicial de entusiasmo a finales de los años 80. A pesar de los avances en las redes neuronales y la aparición de sistemas expertos, las expectativas superaron rápidamente los logros reales. Las promesas de la IA, impulsadas por la cobertura mediática y las proyecciones optimistas sobre el desarrollo de máquinas inteligentes, se vieron frustradas por la falta de resultados tangibles y la incapacidad de las tecnologías existentes para cumplir con las ambiciones planteadas. La industria también enfrentó desafíos económicos, como el fracaso comercial de las máquinas Lisp y el estancamiento del proyecto japonés de ordenadores de quinta generación. Estos factores contribuyeron a un clima de desilusión que llevó a una nueva reducción en la financiación y el interés por la investigación en inteligencia artificial, estableciendo así un ciclo de desencanto que afectó gravemente el desarrollo del campo durante esos años. [14]

Deep Blue de IBM llega tras el segundo invierno de la inteligencia artificial, Aquí el campo de la IA experimentó un notable renacimiento que marcó varios hitos importantes. Uno de los eventos más significativos fue la victoria de Deep Blue de IBM sobre el campeón mundial de ajedrez Garry Kasparov en 1997, un momento que no solo demostró la capacidad de las máquinas para realizar tareas complejas, sino que también atrajo la atención del público hacia la IA como una disciplina viable y poderosa. [15]

La victoria del referido ingenio electrónico de IBM, sobre Kasparov a finales de los 90 del siglo pasado, marcó un punto de inflexión significativo en la historia de la inteligencia artificial (IA) y la percepción pública sobre este mismo tema. Este enfrentamiento, ampliamente conocido como "el duelo del siglo", no solo destacó el avance tecnológico en el ámbito del ajedrez, sino que también simbolizó el conflicto entre la inteligencia humana y artificial, planteando preguntas profundas sobre el futuro de la IA y su potencial para superar las habilidades humanas en tareas complejas. [16]

En la década siguiente, el desarrollo de sistemas como Watson, que ganó en el programa de televisión "Jeopardy!" en 2011, mostró avances en el procesamiento del lenguaje natural y la comprensión contextual.

La victoria de IBM Watson en el concurso de televisión "Jeopardy!" en 2011 representa un hito significativo en la evolución de la inteligencia artificial, marcando un avance notable en la capacidad de las máquinas para entender y procesar el lenguaje natural. Enfrentándose a dos de los mejores concursantes de la historia del programa, Ken Jennings y Brad Rutter, Watson no solo ganó, sino que lo hizo con un margen aplastante, acumulando más de 77,000 dólares en premios frente a los 24,000 y 21,600 dólares de sus oponentes. Este evento no solo demostró la potencia del sistema de IA, que podía analizar y responder preguntas en milisegundos utilizando un vasto conjunto de datos, sino que también desafió la percepción pública sobre las capacidades de las máquinas. [17]

Watson utilizó técnicas avanzadas de procesamiento del lenguaje natural y aprendizaje automático para interpretar preguntas complejas y ofrecer respuestas precisas. Su diseño le permitió acceder a una enorme base de datos y reconocer patrones en el lenguaje, lo que le otorgó una ventaja significativa al responder preguntas que incluían juegos de palabras y referencias culturales. A pesar de un par de errores notorios durante el concurso, como confundir Toronto con una ciudad estadounidense, su rendimiento general fue asombroso y mostró que las computadoras podían competir efectivamente en áreas tradicionalmente dominadas por humanos. [18]

La victoria de Watson no solo revitalizó el interés en la inteligencia artificial, sino que también abrió la puerta a numerosas aplicaciones prácticas en campos como la medicina, el servicio al cliente y el análisis de datos. Desde entonces, IBM ha continuado desarrollando esta tecnología, integrándola en diversas industrias para mejorar la toma de decisiones y optimizar procesos. En resumen, el triunfo de Watson en *Jeopardy!* no solo fue un espectáculo impresionante; fue un paso crucial hacia la integración de la inteligencia artificial en la vida cotidiana y un precursor del potencial transformador que estas tecnologías pueden ofrecer. [19]

Después de la victoria de Watson en Jeopardy!, uno de los hitos más significativos en el campo de la inteligencia artificial fue el desarrollo de AlphaGo por DeepMind, que logró vencer al campeón mundial de Go, Lee Sedol, en 2016. Este evento fue notable debido a la complejidad del juego Go, que presenta un número inmenso de combinaciones posibles, lo que lo hace considerablemente más difícil que el ajedrez. AlphaGo utilizó redes neuronales profundas y técnicas de aprendizaje por refuerzo para aprender y mejorar su juego a través de la experiencia. [20]

CONCLUSIONES:

El presente ensayo académico concluye que la inteligencia artificial (IA) ha evolucionado de manera significativa desde sus inicios, transformándose en una herramienta esencial que permea todos los aspectos de la vida moderna. A través de la historia de "El Rincón de la Esperanza", se ilustra cómo la IA puede ser utilizada para resolver problemas complejos en áreas como el derecho, la salud y las relaciones personales, ofreciendo soluciones personalizadas y efectivas a una comunidad diversa. Sin embargo, esta revolución tecnológica también plantea desafíos éticos y sociales que no pueden ser ignorados, como el riesgo de una dependencia excesiva de las máquinas y la posibilidad de un futuro distópico si su uso se saliera de control. La narrativa histórica que abarca desde los trabajos pioneros de Alan Turing hasta los avances contemporáneos representados por sistemas como Deep Blue, Watson y AlphaGo resalta tanto los logros como las desilusiones que han marcado el camino de la IA. En este contexto, es crucial que la sociedad no solo celebre los beneficios que la inteligencia artificial puede aportar, sino que también se comprometa a abordar sus implicaciones éticas y a garantizar un desarrollo responsable. A medida que avanzamos hacia un futuro cada vez más digitalizado, el equilibrio entre la innovación tecnológica y la responsabilidad social será fundamental para asegurar que la IA sirva como un aliado en lugar de convertirse en una amenaza, permitiendo así que su potencial transformador beneficie a toda la humanidad.

See next page for conclusions in English.

CONCLUSIONS:

This academic essay concludes that artificial intelligence (AI) has evolved significantly since its inception, becoming an essential tool that permeates all aspects of modern life. Through the story of "El Rincón de la Esperanza", it is illustrated how AI can be used to solve complex problems in areas such as law, health and personal relationships, offering personalized and effective solutions to a diverse community. However, this technological revolution also poses ethical and social challenges that cannot be ignored, such as the risk of excessive dependence on machines and the possibility of a dystopian future if their use were to get out of control. The historical narrative that ranges from the pioneering works of Alan Turing to contemporary advances represented by systems such as Deep Blue, Watson and AlphaGo highlights both the achievements and disappointments that have marked the path of AI. In this context, it is crucial that society not only celebrates the benefits that artificial intelligence can bring, but also commits to addressing its ethical implications and ensuring responsible development. As we move towards an increasingly digitalised future, balancing technological innovation and social responsibility will be critical to ensuring that AI serves as an ally rather than a threat, thereby enabling its transformative potential to benefit all of humanity.

Vea página anterior para las conclusiones en Español.

REFERENCIAS BIBLIOGRÁFICAS:

1.- ELLIS-Red Europea de Investigación. ELLIS Alicante. 2023 [citado 22 de noviembre de 2024]. Inteligencia artificial hoy en día. Disponible en: https://ellisalicante.org/book/inteligencia-artificial-hoy-en-dia

2.- Conde Ruíz I, Ganuza Fernández JJ, García M, Victoria C. Funcasblog. 2024 [citado 22 de noviembre de 2024]. Eligiendo qué grado estudiar en la era de la inteligencia artificial. ¿Una nueva brecha de género? Disponible en: https://blog.funcas.es/eligiendo-que-grado-estudiar-en-la-era-de-la-inteligencia-artificial-una-nueva-brecha-de-genero/

3.- Buchanan BG. A (Very) Brief History of Artificial Intelligence. AI Magazine [Internet]. 15 de diciembre de 2005 [citado 22 de noviembre de 2024];26(4). Disponible en: https://ojs.aaai.org/aimagazine/index.php/aimagazine/article/view/1848

4.- The Mansion Bletchley Park. Bletchley Park. 2022 [citado 22 de noviembre de 2024]. Enigma. Disponible en: https://bletchleypark.org.uk/our-story/enigma/

5.- Sadurní JM. historia.nationalgeographic.com.es. 2021 [citado 22 de noviembre de 2024]. Alan Turing, el arma secreta de los aliados. Disponible en: https://historia.nationalgeographic.com.es/a/alan-turing-arma-secreta-aliados_16352

6.- Torres Duarte JD. Elespectador.com. 2020 [citado 22 de noviembre de 2024]. La vida cifrada de Alan Turing. Disponible en: https://www.elespectador.com/actualidad/la-vida-cifrada-de-alan-turing-article-330993/

7.- Bombe. En: Wikipedia, la enciclopedia libre [Internet]. 2024 [citado 22 de noviembre de 2024]. Disponible en: https://es.wikipedia.org/w/index.php?title=Bombe&oldid=163540184

8.- Bejerano PG. ElDiario.es. 2014 [citado 22 de noviembre de 2024]. Código Enigma, descifrado: el papel de Turing en la Segunda Guerra Mundial. Disponible en: https://www.eldiario.es/turing/criptografia/alan-turing-enigma-codigo_1_5038272.html

9.- Antonio J. Sección de Ajedrez Oberena: El Primer Programa Informático de Ajedrez [Internet]. Sección de Ajedrez Oberena. 2014 [citado 22 de noviembre de 2024]. Disponible en: https://ajedrezoberena.blogspot.com/2014/08/el-primer-programa-informatico-de.html

10.- Computing machinery and intelligence. En: Wikipedia, la enciclopedia libre [Internet]. 2024 [citado 22 de noviembre de 2024]. Disponible en: https://es.wikipedia.org/w/index.php?title=Computing_machinery_and_intelligence&oldid=160616761

11.- López de Mántaras R. ELMUNDO. 2016 [citado 25 de noviembre de 2024]. El legado de un pionero. Disponible en: https://www.elmundo.es/ciencia/2016/01/27/56a7dabfe2704e69448b4653.html

12.- Rojas AG. Inteligencia Artificial: La Conferencia de Dartmouth [Internet]. Inteligencia Artificial. 2014 [citado 25 de noviembre de 2024]. Disponible en: http://inteligenciaartificial1il131.blogspot.com/2014/03/la-conferencia-de-dartmouth.html

13.- Oliver N. ELLIS Alicante. 2023 [citado 25 de noviembre de 2024]. La Historia de la Inteligencia Artificial. Disponible en: https://ellisalicante.org/book/historia-de-la-inteligencia-artificial

14.- IAMAI. Soluciones Empresariales iamai.es. 2023 [citado 25 de noviembre de 2024]. Los inviernos de la IA: Desde expectativas hasta la resiliencia. Disponible en: https://www.iamai.es/Blog/Los-inviernos-de-la-inteligencia-artificial/

15.- Instituto Hermes. Cómo Deep Blue cambió el ajedrez [Internet]. Fundación Instituto Hermes para el Empoderamiento de la Ciudadanía. 2019 [citado 25 de noviembre de 2024]. Disponible en: https://institutohermes.org/2019/09/24/como-deep-blue-cambio-el-ajedrez/

16.- Runrun.es. Kasparov vs. Deep Blue: El resultado fue gracias a un error del sistema [Internet]. Runrun.es: En defensa de tus derechos humanos. 2012 [citado 25 de noviembre de 2024]. Disponible en: https://runrun.es/noticias/55470/kasparov-vs-deep-blue-el-resultado-fue-gracia-sa-un-error-del-sistema/

17.- Fundación para el Conocimiento Madrimasd. Watson, el superordenador de IBM más listo del mundo, gana los encuentros previos de Jeopardy - Supercomputación de consumo [Internet]. madrimasd.org. 2011 [citado 25 de noviembre de 2024]. Disponible en: https://www.madrimasd.org/blogs/supercomputacion_de_consumo/2011/01/19/131012

18.- Redacción Data Center Market. Data Center Market. 2020 [citado 25 de noviembre de 2024]. IBM Watson hace Procesamiento de Lenguaje Natural. Disponible en: https://www.datacentermarket.es/mercado/ibm-watson-hace-procesamiento-de-lenguaje-natural/

19.- Redacción de Lavanguardia.com. Lavanguardia.com. 2011 [citado 25 de noviembre de 2024]. El ordenador «Watson» gana la partida al cerebro humano. Disponible en: https://www.lavanguardia.com/tecnologia/aplicaciones/20110217/54116621022/el-ordenador-watson-gana-la-partida-al-cerebro-humano.html

20. Fast Lane TechTalk. Principales Hitos en la Historia de la Inteligencia Artificial [Internet]. TechTalk - powered by Fast Lane. 2022 [citado 25 de noviembre de 2024]. Disponible en: https://www.flane.com.pa/blog/es/historia-de-la-inteligencia-artificial-fechas-y-nombres-clave/

Nota del autor: Las Imágenes que encontrará en este ensayo académico, a menos que el autor declare lo contrario, disponen de licencia CreativeCommons 0 (CC0) y han sido obtenidas en http://Pixabay.com. Las referencias bibliográficas presentes en esta obra se encuentran acotadas según Normas Vancouver.